Gefördert durch die Senatsverwaltung
für Kultur und Europa

Aufgewachsen in einer ostwestfälischen Kleinstadt, ging Alice Quadflieg 1998 zum Studium der Dramaturgie nach München. Die Gedichte spiegeln diese Umbruchsphase, die mit dem Wechsel des Jahrtausends zusammenfällt, wider.
Bisher in verschiedenen Anthologien veröffentlicht, liegt das lyrische Werk der Autorin in diesem Band erstmals vollständig vor.

Heute lebt Alice Quadflieg mit ihrer Familie in Berlin und schreibt in erster Linie dramatische Texte. Ihre Theaterstücke sind im Verlag für Kindertheater der Verlagsgruppe Oetinger erschienen und werden an verschiedenen deutschsprachigen Bühnen gespielt.

Alice Quadflieg

Die düstern Tannen säumen meinen Weg

Gedichte der Jahrtausendwende

© 2021 Alice Quadflieg
Erstausgabe

Herstellung und Verlag: BoD - Books on Demand,
Norderstedt
Umschlag gestaltet nach einem Konzept von
Alice Quadflieg: Andrej von Sallwitz

Bibliografische Information der Deutschen
Nationalbibliothek: Die Deutsche Nationalbibliothek
verzeichnet diese Publikation in der Deutschen
Nationalbibliografie; detaillierte bibliografische Daten
sind im Internet über dnb.dnb.de abrufbar.

ISBN: 9783753403878

1995

lust zu leben
lust zu wirken
lust zu sein

ich will ewig lust haben
um nicht der gefahr zu unterlaufen
zu sterben

die realität und die traumwelt
sie fließen wie ein fluss
wie salz- und süßwasser vermengt
nach einem starken regenguss

ich bin ein fisch in der strömung
und weiß nicht mehr wo ich bin
ob realität oder traumwelt
mein spürsinn ist dahin

jenes lied
gibt mir das gefühl
alles wäre gut
diese intensität
weckt in mir die geister
und mein herz tanzt
zur melodie

dieses lied lässt mich
für einen moment
der künstler selbst sein
denn es scheint
aus meiner seele zu entspringen

eine kerze
flackert leicht vom seichten Wind bewegt
das Gewitter liegt in der schwülen Sommerluft

diese Stimmung ist wie ein Bild
wie ein Bild ohne Rahmen
wie ein aufgeschriebenes Gedicht
welches der Wind über die Felder trägt
und seine Weisung singt

ein weihnachtsgefühl im bauch
mitten im leuchtenden herbst
die geschenke sind die strahlende sonne
der frische wind
und die leuchtenden farben
ich fühl mich reicher beschenkt
als am heiligen abend
an diesem morgen
und ich spüre
hier ist meine heimat

von gefühlen voll ein sack
im herzen ausgekippt
nur durch diese geste
beinah ausgeflippt

wie die besten schokoherzen
wurden sie schnell gegessen
die meisten waren bitter
doch auch die hat man besessen

als alle reste ausgeschöpft
mit freude doch auch schmerzen sehr
da fühlte man sich fast beglückt
doch auch ein bisschen leer

1996

gedanken wie blitze
rauschende wellen im bauch
schwebende stille der seele
göttlichkeit in mir durch einen kleinen funken
so große sehnsucht
so unendliches mysterium der ebene
wo ich stehe
traumwelt wie die wahre
und ein sturm im herzen

was ich mir zum geburtstag wünsche
fragten mich viele bekannte
cd, ein buch oder irgendwas
waren die sachen die ich nannte

doch materielles wünsch ich mir eigentlich nicht
vielmehr der freunde fröhlichs gesicht
ein nettes lächeln jeden tag
jemanden der da ist für mich
der mich mag
jemanden der zuhört
was mein herz bewegt
mit dem ich reden kann von früh bis spät
jemanden der mich kennt
der mir vertraut
jemanden der mich liebt
und der mich braucht
der mich nie fallen lässt
und der mich ganz fest hält
das ist mir wertvoller als alles geld der welt

doch dieses hab ich meinen freunden nicht gesagt
ich war zu feige
hab es nicht gewagt

umspülendes meer
die nackten felsen bleckend
sprudelnd und schäumend
der höhepunkt der welle
sich brechend und ergießend
über den feuchten stein
kommen und gehen
ziehen
atmende see
stein und wasser zerfließen
im nebel der gischt
der stöhnende wind
lufterfüllend
aufgehetzt bis zum heulen
zuckende böen
eilend kommen herbei
sind bald vorüber
schon der letzte hauch

erschöpfte see
die wellen legen sich schwach hernieder
küssen den grund in unweiter tiefe
die sonne taucht rotgolden
in das erloschene toben
wie eine warme decke
legt sich die nacht aufs meer
es schläft
erschöpft vom ersten sturm seiner zeit

mir ist warm
warm im herzen
in den armen
und im bauch

der seichte wind
trägt unser boot
und die gedanken
schweben vom hauch

unter freiem himmel
den ganzen tag
frische luft atmen
und freiheit fühlen

heimkehr zum hafen
fahrt nach hause
und vier wände
werden mich kühlen

noch sommerbräune auf der haut
ferienerinnerungen im kopf
fotos im album
und sand in den schuhen

der herbst weht herbei
bricht die sonne entzwei
frierend denk ich an das meer
wo ich jetzt noch gerne wär

wir waren ein unschlagbares paar
das niemals zu besiegen war
du hieltest mich sicher
ich hab dir vertraut
doch letztlich hab ich auf sand gebaut

es bleibt nur die erinnerung
stolz streikt vor post
es war nicht definierbar
und nun bist du fort

intensive zeit

so lang wie jede andere
doch wie als wär sie weit
ins leben geflossen
weiter als andere zeiträume
bestimmt sie die träume

kurzer abriss
doch die erinnerung
rührt lang in der seele
in die sich jene zeit
voll verlangen biss

begeisterung
für die schönheit der natur
die neigung des jahres betrachtend
mit prunkvollen farbspielen
feiert sie den rückzug
liebevoll im morgengrauen
in milchige schleier gebettet
sanftes gefühl innig aufschwellend
die erwartung von kälte und rauigkeit
und sich schon suchend umschauend
fast wie ein bär
nach einem ort der geborgenheit
einem wohltuenden beisammensein

doch bleibt auch die suche vergebens
und die sehnsucht nagt am herz
so hockt doch die hoffnung
wie die dankbarkeit
klein und zuammengekauert
in einer winzigen nische
kaum sichtbar vom staub
der schleppenden tage
und in nichtbeachtung dieser
würd man viel lieber
aufs menschsein verzichten

es regt sich der wunsch
teil im wandel
im gang der natur zu sein
den vorbestimmten dingen zu folgen
den regeln gehorchend
in bedingungsloser zufriedenheit

14

1997

gestalt in edler form
mit oben sanfter spitze
und unten
wundsam rund

doch nicht zu rühren
so stürb die form
welch doch so edel
ward gestalt vom schöpfer
und welcher sie
in wundersamem zuge gleich
zu uns herniedersendt

und während sie
die edlen formen
da für uns sterben
singen sie doch uns
ihr schönstes todeslied

ich geh in mich selbst
und stell mir die frage
lausche gespannt
ob ich mir was sage

wüsste ich nur
genau was ich wollte
wär mir auch klarer
was ich tuen sollte

so bleibt jedoch trotzdem
viel ungeklärt
weil man oftmals
keine antwort erhält

muss ich begehren
um zu verlangen
muss ich was wollen
um darum zu bangen

hab ich das recht
auf all die gefühle
und ist es gut
sie mehr aufzuwühlen

doch lass ich die fragen
tief in mir schweben
meine gefühle
sind schwer zu entweben
im grunde genommen
was ist auch dabei
meine gefühle

16

sind schließlich frei

ich schulde niemandem
etwas dafür
sie sind wie sie sind
nun mal in mir

den sehnlichen wunsch verloren
die begierde nach ihm
um alleine zu leben geboren
wandle ich dahin

schön ist die zeit der träume
wo man noch weiß was man will
doch dann waren all das schäume
und das herz ist still

oh würd es wieder begehren
lieben und zehren
es soll sich nicht wehren

selig sei ein starkes herz
das nicht die qualen frisst bis es vergisst
das sich im sturm bewegt
und hilfe schreit
und weint
vom schmerz erregt

mein herz liegt kühl und fern
und regt sich kaum
nur schlagend im luftleeren raum
erinnert es sich nicht gern

18

enttäuscht stets wieder
träume sind schäume
hart ist die welt
klar und kalt das leben

das leben
welches nach liebe sinnt
ist einsam doch
und angst kriecht wo
ob es so bleiben wird
für ewig

der augenblick
scheint wie ein marter
der henker greift
mit kalten fingern packend
zum messer und drückt
es in die weiche haut

schmerz treibt
schmerz stoppt den zug

adieu gefühle
mit euch ist nicht zu leben
kalt und hart
wie das leben
adieu gefühle mein

abgrundtiefe seen
und wenn die klare nacht ihre arme über das weite
land schließt
öffnet der kleine gelbe mond seine augen

der see liegt in abgrundtiefer dunkelheit
im schwarzen arm der nacht
doch glänzend in tausend schimmernden facetten
offenbart sich die schönheit der nacht
mit dem see in ihren armen
wenn der gelbe mond sein sanftes antlitz
am fragment des himmels emporhebt

und wenn der see leise bebt
weil mutter nacht das abendlied
aus ihren schwarzen lippen haucht
dann scheint der see zu fließen
im schwarzen glanz
seidig weich unter den augen des mondes

ein zartes reh
erwacht vom sanften hauch des liedes
sieht den see und ach
nicht den see
es sieht das glänzend schwarze haar
vom zarten hauch der nacht beschwingt
sein haar
das nachtschwarze haar des geliebten

das zarte reh tritt mit beschwingter hufe näher
doch sacht
leis

20

kaum hörbar
es sieht in abgrundtiefe dunkelheit
in glänzende ewigkeit
und mag versinken
wissend den tiefen grund
ihn rufen hörend
erhoffend

mein geliebter
es sind deine augen
welche das zarte reh erblickt
es ist wie ohnmacht
der anblick
geliebter

das reh bin ich
das in der nacht zu deinem ufer tritt
ich gestehe geliebter
ich bin das reh

sieh
es ist ängstlich
es springt wie der wind
so dass kaum der mond es entdeckt
in den wald zurück

das zarte reh liebt diesen see
heimliche liebe schlägt den takt seines herzens
heimliche liebe
in den armen der nacht

leben zwischen den welten
flucht in traum und phantasie
regeln die hier gelten
sind dort nicht wie hier

kerzenlicht wirft farben in die nacht
rauch erfüllt in rosenduft
eingenebelt werd ich sacht
nach geheimnis riecht die luft

musik tanzt mystisch durch mein zimmer
wie durch zauber wards gewandelt
die welten enden nimmer
vom schein der flucht ummantelt

stille
man könnte meinen
man sei allein
alleine auf all dieser welt
und lauschst du
ob doch irgendwo
ob irgendwo
auf all dieser welt
ein mensch
das herz für dich offen hält
und lauschst du
lausche
so geht es nicht lang
die ohren dröhnen
von tonlosem klang
so ist man doch
alleine nur
im zimmer
und in jedem flur
und lange
kannst du nicht lauschen
ohrenbetäubende wellen rauschen

so bist du hier
und bist du jetzt
allein
auf all dieser welt

bezaubernd verwirrend zugleich
erhaschend eine kleine freude
das entdeckte schätzend betrachtend
kupferne töne im band
musik und farben verschmelzend
glanz zierend zuhauf
wo glänzend pracht geboren wird
in geheimen zonen
der augenblick erstrahlt
samtweiche haut bedeckend
das pulsierende herz hebt
die zarte brust
atmend lauschend erleben
küsse bedeckende lippen
als geburt der weiche
sanftheit umgebend
tropfen der fröhlichkeit umspielen
sprenkelnder zauber gegeben
belebend wie wasser
quelle der schönheit
niemals versiegend
als ursprung wunden zaubers

samtweiche zunge
oh rot oh toter muskel
und das haar
wie es fließt
im farbenspiel der sonne
gewidmet glimmend flirrend
glanz geschenkt
wie stroh oh tot
wie grau und rauh
im fahlen licht der fabriklampen
der schächte
und der bauchnabel
die sanfte kuhle
dem bett des tropfens gleich
oh oder ein loch nur
oder staub Haut taub
leben geben und sterben nehmen
oh leben farbenfroh
fallen in ohnmacht
denn die macht
nimmt den odem

die ninjas

wieder treten sie die reise an
die welt in kälte zu erstarren
sie ziehn mit eisig kaltem wind
durch viele dunkle höhlen
wo nicht mehr leben
keine tiere sind

der neue mensch
flucht auf nen kalten winter
stellt seine heizung hoch
setzt sich dahinter

der alte mensch
fragt nach den gründen
und sitzt nicht eher still
eh er sie hat gefunden
er sucht nach jener mutter aller feuer
erinnerungen wissen von dem glühend ungeheuer

doch wer findets nun
das kleine alte nargun

1998

la luna

la luna ist die frau der nächte
la luna mit dem milden antlitz
la luna

rund und milchweiß
kühlend und heiß
die mutter des himmels der erde

la luna umwirbt
umgibt und beschützt
in ewiger bahn und treue
als mutter der sterne im himmel der erde
la luna als hirtin der herde

oh zarte perle des firmaments
entschlüpfe nie deiner muschel
oh luna bleib uns als antlitz der ruh
im nächtlichen schwarz und getuschel

entfacht durch nacht und sterne
durch rauschen in der ferne
wie ein sanfte weiche wiese
gestreichelt wird vom leichten wind
wo alle ichs in freiheit sind
nur selten selbst im traum

oh himmel
erstrecke deine kuppel
und ich zerberste sie
mit meiner fantasie

und nur der plätschernde bache
singt und schenkt der welt
als letztes mein glucksend gelache

der mond taucht die nächtlichen wolken ins licht
die sterne zeigen ihre bilder
doch verraten das geheimnis nicht
als irrende durchkämme ich die graue stadt
im fahlen schein des mondes wirkt das leben matt
wie heimatlos trotz heimat kann man sein
denn von der wiege bis zur bahre
bleibt manch menschenschicksal ganz allein

alte zeiten schmieden das leben
das leben als erinnerung
ist es nicht mehr
ist eigentlich nicht fühlen und erleben
des lebens ausmachender kern

warum hängt dann ein jeder mensch
an alten zoten und geschichten
was ist so wertvoll
was so rührend
schmerzvoll
liebend
an den alten tagen

gestorben ist es durch den schlag der zeit
nur leben wird es
wenn es in uns bleibt
so schwimmt es in dem großen brei
der ewigkeit

und selbst das leben
in der gegenwart
ist schon vergangenheit
sobald es ward bewusste dir
so bleibt am ende
nur als endprodukt des lebens
die erinnerung
und selbst ein diese quelle
ist ausschöpflich
die zeit schafft es auch hier
bis sie versiegen wird

das klammern an erinnerung
scheint manchmal letzter rat
letzte erfüllung
letzt geleit
dabei läuft leben auf der andern schiene
und man neigt oft sie zu missachten

wär da kein andrer odem
der das leben füllt
so wäre leben doch gegeben
und mit dem geben schon genommen
und das was leben
mit der wahrheit füllt
gilt es zu finden
und zu trinken
und ach
nicht allzu schwindeln
im rausche der erinnerung

alte angst

mut das tor zu öffnen
mut sich zu geben
den neuen weg zu erforschen
vom leben zu nehmen

ohnmächtige angst
sich zu verlieren
angst unfähig zu sein
den andern zu lieben

das messer bohrt sich tief in ihn hinein
mal krümmt er sich
mal sitzt er still
und in gedanken scheint er fern
und stets allein

das messer
welches rote spuren nach sich zieht
ist wie die faust
die auf ihn schlägt
wenn er sie irgendwo mit einem andern sieht

um seinen hals zieht sich das lange raue seil
und schreien tut er nur in sich hinein
wenn in sein herz rast wiedermal
der scharfe spitze pfeil

warum er sich nicht wehrt
das fragen ihn die leute
wenn sie mit messer, seil
und faust und pfeil
ihn täglich macht zu ihrer beute

vielleicht weiß er den grund
oder auch nicht
aus seinem herz will er sie nicht verlieren
und dankbar nehmend trägt er alles
was sie gibt

leben lebt
und geht stets weiter
hingespuckt
ein häufchen ich

entscheiden kann man
selbst für sich
nimmt mans schwer
oder heiter

gestern noch sehnsuchtserfüllt
und voll freude
egal ob genommen
oder bekommen
heute voll schmerz

mein herz nimmts nicht entgegen
auch wenn arm und mund sich nicht verwehrte
ich habe doch begehrt
so schien es mir
und niemals nur der körper

es sträubt sich in mir
wie das haar der katze
und spucken würd ich gerne
alles wieder aus

oh wär es nur ein traum gewesen
ich hätt drüber gelacht und mich gefreut
traumwelt und wirklichkeit sind doch nicht gleich
und nun weiß ich nicht vor
oder zurück

in mir sagt es bleib alleine
und schon sehnt sich mein herz zurück
zur einsamkeit

grün

wie beruhigend
mein freund
wirkst du auf mein wildes herz
wie erquickend labt mich
deine frische
deine fröhlichkeit
oh leg dich sanft auf meinen schnellen atem
du grüner duftend wiesenweicher hauch

trockene wüste
auf schwarzem kontinent gebrannt
voller gelüste
durst gestillt mit sand
ausgewichen in die dürre wüste
wo nicht einmal mehr die löwen sind

die geweihte der wüste
deren spuren bald der wind verweht
hat das weise lächeln einer alten
doch im herzen ist sie ängstlich
wie ein scheues kind

der sporn

er lief durch wälder heimatlos
flog über felder
wiesen
täler
durchquerte triefendnasse auen
am ende saß er irgendwo
der sporn
den niemand mag
der alte böse sporn
so flüsterten die flüsse
so wälzten es die wälder
so schrien es die schritte
ein jedes lebewesens

gemieden war der arme sporn
von jedem und von allem
wo er auch weilte spuckte ihn
ein jedes ding hinfort hinfort
und einsamer als dieser tropf
konnt nichts mehr sein auf erden
am ende konnte er nicht mehr
erschöpft fiel er danieder
und schlief
schlief tiefer als ein stein
auch wenn die erde rebellierte

die an
die kleine elfe
mit weichem herz
weicher als nerz

als watte
wachs
als wärme
sie liebte diesen tropf
vom ersten augenblick sie ihn erblickt
denn sie die unverklärte
war reiner als die reinheit
war edler als der edelmut

sie küsste ihn
die kalte alte wange
benetzt von annens nektar
erblüht und nimmt sie auf
eh es gewahr ward
ihr und all der luft umher
so offen war er
weil doch gut

nun sind die beiden eins

nun hat er sich getarnt
der sporn
so lästern böse alte zungen
doch all die jungen
frischen leut
begrüßen ach zuweil sogar
das wundersame liebespaar

doch unbewusst
wer weiß woher
gibt man die beiden lieber wieder her

das brave schaf am deich
guckt zu zeiten übers blaue meer
kaut das grüne gras wie kaugummi
und guckt den schönen möwen hinterher

das brave schaf am deich
pfurzt zu zeiten in die müde luft
wartet bis der schäfer kommt
und es zum heimgehn ruft

das brave schaf am deich
hofft zu zeiten auf den starken wind
der seine locken zaust
und ab und zu die angst beschwingt

der tote mond plumpste eines nachts
in unsern teich
ich lief herbei denn ich meinte
dass da draußen jemand weinte
es war ein kleiner stern
und dessen herz war traurig und sehr weich

der stern hieß robert
und er zeigte mir den toten mond
ich erschrak und staunte
und das kleine sternchen raunte
dass er ewig nun in unserm teiche wohnt

ein lächeln auf des kalle-monds gesicht
war noch geblieben
und noch nicht vertrieben
von der sonne und dem beißend-heißen licht

ich muss gestehn im grunde hab ich mich gefreut
weil er nun bei uns war
für jetzt und immerdar
und hoffe dass der mörder ihn nicht wiederholt
weil ers bereut

wüsstest du
was in gedanken heute in mir lebte
hättest du vielleicht erkannt
wie es tief in meinem herzen bebte
als du eben bist vorbeigerannt

deine augen
die erstaunt die meinen trafen
gar so unverhofft an diesem stressgeplagten ort
waren wie ein heimatlicher hafen
taten vielmal besser
als ein jedes ausgedachte wort

1999

die düstern tannen säumen meinen weg
zur linken seite lichter laubeswald
und hier zur rechten dunkle dichte tiefe
die vögel zwitschern mir zur einen
zur andern seite lächelt nur ein müder pilz

und hinten in der dunkelheit
da schleicht der kleine puck durchs unterholz
und dessen kleiner schopf
reicht grade unter tannenarme
die dunkelgrünen kronen
die das dach der höhle bilden

und wieder zieht es mich hinein
zu kriechen ins naturgeheim
zu schnecke, pilz und puck auf allen vieren
den weichen nadelboden unter meinen knien
das unterholz und seine würze riechen

doch wieder bleib ich stehn auf meinem pfad
schau nur hinein
dann lauf ich weiter auf dem weg im lichten hain

an meiner seite

müde durch trübe tage
wenn der mond silberne wolken zaubert
schwillt die erinnerung
und ruft sie zu flaumigem traume
weil anderswo sie durch die büsche zaudert

weit weg auf fernem kontinent
wippt silbern froh der rossschwanz auf und ab
im traum heut nacht
ich sah sie durch die bäume
ward mir gewahr sie lacht

ich sehe einen see
die bank mit ihrem schwarzen tisch und wir
der dunkle warme wald
und an und ab ein lichtchen flackern
und hier und da hört man das rufende getier

sie kennt die nacht
und besser noch mutter natur mit ihren kindern
das lachen wacht
zart hebt es sich vom leichten plätschern ab
verhallend durch die zeit
kanns nicht auf ewig lindern

der fremde kontinent
die weite ebene entblößt sich ihr zu füßen
und hier im neuen Land
da warten see und nacht
sie endlich wieder zu begrüßen

44

allein lieg ich im bett
werd plötzlich mir gewahr
er ist nicht da
gerade jetzt da hätt ich gern
ein wort zu ihm gesagt
und seiner stimme dann gelauscht
die nur für mich das wort gebärt
auf seine runde schulter mögt ich schaun
im traum nur leider könnte ich ihm traun
er ist nicht hier
hat meinen namen irgendwo verstaut
momente meines glücks
sind nur fragmente
davon was andre menschen
täglich als normal erleben dürfen
daraus schon trügt kein schluss
ich wissen muss
es ist nicht das
wofür man es gern halten mag
es ist die lüge im gewand
die welche ich nicht zu entkleiden wag
weil sonst des lebens frucht
als öde sich entlarvt
wenn lachen und die große freude über
das mein leben schwillt
dann hängt doch meine seele
längst am galgen
in einer hand jedoch
da trag ich eine schere
und trotzdem würd ich jetzt
so gerne reden
in wunderbarer tiefe

tief entspannt
und diese lösende figur
soll nicht nur guter redner
guter hörer sein
der wunsch in mir
regt sich gar sehr
dass diesen welchen
ich begehr
mit meiner seele
geist und körper
das alles einmal stimmt
und der
der neben mir da sitzt
mich küsst
ich ihn
wir uns
als partner
einfach so
in meiner kleinen bude
und auch in aller großen weiten welt

der sonnige morgen

gibt es einen prinzen
gibt es einen traum
so gucken seine augen
so wie deine schaun

gibt es einen klang
der mir das herz erwärmt
so ist es deine stimme
die ins herz mir fährt

gibt es einen körper
der das weib verführt
so ist es deine energie
die dich mit sinnlichkeit gekürt

facettenreich und blume
immer fröhlich
ich habe dich erkannt
du bist so ungewöhnlich

wie wundervoll ihr sterne
schaut hinunter
und ruft: die welt
um ihn herum scheint bunter

charmant oh wasser
woher nahm er die tugend
beneidenswert, dich liebt er
dir gibt er die jugend

natürlichkeit
auch dich mag er
und macht mich dadurch freier
durch steinbrüche und wälder
durch nächte und durch felder
erlebten wir leben
und unter kiefern
und unter sternen
lagerten wir am grünen weiher

doch nicht alleine mir gibst du die pracht
adieu mein prinz
ich fahre in der nacht

der abend des sonnigen morgens

ein mann sah diesen prinz
der mann kennt diesen mann schon lang
ich saß mit ihm am wasserfall
und kühlte meine füße

so nahm ich mir ein herz
und sprach mit meinem freunde
und ach, entsetzt war er
und wundert sich der worte

auf männer wirkt sein zauber nicht
der zauber seines lächelnden gesichts
er nannte ihn sogar gewöhnlich
zu zeiten äußerst langweilig

vergingen nur paar stunden
zwischen diesen zeilen
wie eines kann berauschen
so kann anderes entzweien

und zwiespalt härmt sich
arg in meiner seele
und dass ich mich nicht länger quäle
bleibt mein beschluss
hab ich doch gleich die wahl auch nicht
die ferne ruft
vergess ich sein gesicht

wenn ich sie nicht hätte
farblos gähnte die welt mich an
am himmel ständ nicht orion
mit seinem sternenschwert

einmal hat er gewunken
groß und breit
über den ganzen himmel

ich weiß noch genau
wie bei der eclipse
die möwen im dunkeln
sich sammelten
ihre weißen körper blitzten
im dämmerlicht
und flammend
der himmel am horizont

schönstes wunder zu sehen
wie wir menschen im planetenreigen
unsere existenz verweilen
eine linie
und der finger
zeigte auf uns
am feringasee
beinah weinte ich
vor lauter ehrfurcht

was wird
als dieser keim sich schuf
was wird nur wachsen
nur gedeihn
aus diesem kleinen schelm
entspringen
sich windend
in den höhen schwindelnd
wohin nur suchend
seine ästchen strecken
die neugier wecken
seine leidenschaft
er liebt sie
diese bunten blumen
voller beben
voll von farbe
ton und glanz
und ihre freunde
kleine bienchen
wie purpurn schimmern schmetterlinge
die hummel mit dem flauschig flaum
und hier und da
ein gastgesang
aus gottes schöner vogelschar
doch alles schöne ist nicht schön
wenn alle böse töne lassen
kein keim mag wachsen
unter murren
unter knurren
so streckt der schelm
und schrickt zurück
wenn er nen bösen ton vernimmt

oh träne kuller an der rinde
sich winde auf die schwarze erde
wenn alle bunten blumen
nur schimpfen
und ihr gift versprühn
da stirbt der schönsten blume glanz
es endet schmetterlingentanz
was wird
als dieser schelm erblickt
die sprache die der traum
da spricht
er hört
wie bös die blumen gucken können
doch wenn der ast gewachsen ist
nimmt ihn nur noch
der sturm zurück
oh schelmchen
kleins
verzage nicht
noch gibt es blumen
bienen
vögel
mit nem lachen
im gesicht

ich konnte nicht mehr halten
dem druck nichts mehr entgegen setzen
da ließ ich mich fallen
und die augen gingen mir über

mein schädel riss auf
heraus kamen üppige blumen
so bunt und so groß
erstreckten sie sich über eine ganze wiese

aus meinen händen wurden vögel
eine lerche flog höher und höher
bis sie ganz im himmel verschwand
ihr lied tönte über das weite feld

aus meinem bauch ergoss sich das meer
die schäumenden wellen brachen sich
am feinen körnigen strand
unzählig hatten sich meine beine aufgelöst
in weißen reinen sand

da tauchte rotgolden die sonne ins meer
und ich war endlich frei

gottesfinger

weiße runde weiche wolken
machen platz
durch die lücken ihrer bäuche
strahlt die sonne

   melodien herzensstücke
   fallen ein
   in jede lücke
   ringelring das telefon
   er denkt an mich
   ich komme schon
   eine zigarette rauchen
   pommes schoko bier
   mmh
   gut zu gebrauchen
   es riecht nach ferien im flur
   so sonst doch in golsmaas nur

mosaike alt und neu
zusammen und alleine
genieß ich jetzt den augenblick
trifft mich ein gottesfinger

im zug

die welt wie im flug
rauscht sie vorüber
wie wunderschön
der ebene hügel
an den hängen
der apfelbaum
verworren tief im unterholz
einstiger kindertraum
darüber schweben
wattebauschig
aus gottes zuckerwatte
gezupfte wolkenstücke
fröhlich wälzend sich
im blauen himmelbett
und tiefer geht die fahrt
ins herz der berge
dass mutter erde nicht
den weg uns hemme
wartend bis der dunklen fahrt
sich endlich wieder
licht ergießt
um schauernd sich zu götzen
an des deutschlands reize
so saftig grün
so reich beschenkt
von fruchtbar elementen
und dankbar gießt
sich die natur
wo menschen sie nicht hemmt
über das runde weiche land

gelb die felder
rot die städte
blau der himmel
grün die wälder
und alles tief verzückt
vermischt sich
tiefbeglückt
oh blumen, seen
was das auge will
ich mag genießen
solang es dich noch gibt
gen heimat gehts
und dort wie überall
will ich dich achten
und betrachten
und deine offnen arme
nicht mehr lange
warten lassen

mein grüner mosaik

wenn dein leben
wie ein stein des mosaiks
sich für die ewigkeit ergeben
absagen des kriegs

hader nicht um macht noch geld
grün ist mein stein
ring ich ab wie mir gefällt
den augenblick im sein

das einzige was nicht verschwimmt
das jetzt
ein vogel der stets weiterfliegt
fast wie gehetzt

erhasch ihn nicht
ich kette ihn nicht ein
erstrecke mein gesicht
für immer dein

es geht vorbei
auch meine jämmerliche existenz
im ewigkeitenbrei
da schwimmt sie längst

neige

rosa malt der streifen die sphäre
die bäume verlieren ihr laub
pastellblaue farben am himmelszelt
vogelschwärme fliegen gen süden

farbreflexe verraten die sonne
im zimmer flackern die kerzen
wie aufgescheuchte nächtliche träume
wieder ein tag füllt die summe der jahre

dieses hochhaus im norden der großstadt
ein zimmer reiht sich träge ans nächste
ein jeder vermisst einen anderen
meter an meter, herz für herz

dienst der zukunft

oh wert
verlass den horizont
begib dich in die andre wirklichkeit
und lass mich hier allein
in frieden ruhen
oh last
verzeih mir mein irre
die scheiternde verzweifelt am gewissen
der fleißige ermattet sich im dienst
wann endet ewiger gehorsam
wann neigt der reigen der erstrebsamkeit
sein haupt
gemartert durch die konkurrenz die lacht
durch kleine nachfrage an großem angebot
oh lass mich trotzen und doch geistig sein
werd ich durch meine güsse reich
könnt ich nur leben im erfühlen dessen
erschöpfen mich durch freigabe
erschaffen wahrer wirklichkeit

sonnentag

großes grandioses
in der welt versteckt
zeitweil wie ein wunder
neu und aufgedeckt

wiedermal wie damals
leider viel zu oft
leben schmeckt nach seife
leben scheint zu soft

feuriges erfreuen
lodert und erlischt
zappelt und erregt sich
wieder schon entwischt

wonnenvolles wollen
schwillt und büßt sich ein
sonnenstrahlen reizen
man bleibt doch allein

trüb

ich sammle wärme für die einsamkeit
kann mich ergötzen
unter fremden menschen
für mich ganz allein
erfahre überraschungen
ob ich sie je verinnerlich
verlass gesichter
aufgenommenes von früher
scheint verlorn
ob es die zeit bewahrt
zum sterbebett
ein tag
ein glühwein
und der gute schlag an seine brust
ein halbes jahr
adieu
für das nicht eine träne fließen wird
es ist nicht liebe
war es nicht und wirds nie sein
im boot sitz ich und rudere
vorbei fließt vieles wasser
es schimmelt mancher zweig
vor schönem lichtstrahl
bäumt sich oft die wolke
zerschlag den spiegel mit der faust
und warte auf den unverklärten tag

auf einmal fliegen tausend weiche flocken
durch die luft
auf einmal macht ihr wahr was eure pläne warn
doch auf dem weg schon
scheint zu scheitern die mission
und später kam dann auch nix bei heraus

und ohne test und mit dem blut
scheint trotzdem wieder alles gut
als hätte höhere macht gewusst
das leben sei nicht mit verlust

wann wir uns dann das nächste mal
zum test begeben
ist vielleicht dann erst
wenn die blumen wieder blühn
so stapfen wir einher durch dieses winters schnee
und kuscheln uns danach in unsre warmen betten

ach schön wärs
wären freuden einfach nur zu nehmen
zu dumm dass man für alles seinen preis bezahlt
und trotzdem schneit der schnee
so schön wie eh und je
ich hoffe dass ich ihn die nächsten fünfzig jahre
auch noch seh

übel anderer welten

dein antlitz streichelt ihre augen
und wieder kriegt der funke neues holz
und wäret ihr zwei stumme menschen
wärt ihr ein glücklich paar auf dieser erde

ich weiß
dass ihre fröhlichkeit dein wasser ist
und leugne nicht
dass du im stillen an sie denkst
ich sah euch gestern beieinander stehn
und wusste gleich
dass es mit euch nichts werden kann

vielleicht hast du gemerkt
wie sie sich quälte
beim kampf um themen
blieb dann nur noch peinlichkeit
und ewig forderst du
von ihr den ansatz
und hilflos ringelt sie sich
wie ein wurm im staub

ihr zieht euch gegenseitig an
obwohl das andere in euch
sich scheinbar nie vereinen kann
ihr seid zwei pole wie zwei andre welten
oh menschen wärt ihr taub

es wäre besser ließet ihr es bleiben
es muss nicht was nicht geht passiern

denn sonst nimmt euch der kampf
den rest des schönen
und schade wär es drum was existierte

ihr unfähigen öffnet euch der außenwelt
vor allen dingen du
du unnahbarer krieger
die wahl war schlecht
ich sag es dir
seid kleine armorgötter
nicht verwirrte

wende denken

trostloser kopf
verschwommene augen
gedanken im nebel
welche nichts taugen
müdes gehirn
und hängende glieder
wenn man nichts tut
wieder und wieder

jetzt einen schnuppernden seehund zur seite
den schlag einer salzigen well ins gesicht
nen fruchtigen cocktail
das lächeln des traummanns
adrenalin
hormonüberschuss

jetzt den duft der berauschendsten blüte
tauchen in endlose meerestiefe
ein schlammbad in dunklen mangrovenwäldern
maienlied singen im jugendchor

hebe mein herz an
verleih mir die flügel
dieses gedacht nur
verliert sich der nebel

zuckerkuß

im zauber des taumels
der die verliebte gattet
entsteht so manche lyrik
die das wunder ruft
später gelesen diese verse
fragt sich die nüchterne
hab ich denn so empfunden
war ich es die das schuf

zinnoberroter zucker
und grüne limonade
der weite blaue himmel
und tiefverwebte pfade

im urgeturmel saß der lurch
und kroch hinfort zur stille
durch tiefe braune erde
und durch die ganze welt hindurch
doch stille ward es nie um ihn
er starb an überdosis nikotin

weiß du woher die sterne kommen
sie entstehen wenn der mond die sonne küsst
ein heitres treiben sehen wir dort oben
oh blaues weltall - freund - sei mir gegrüßt

der abend

reichlich an kissen
liegen wir gemütlich weich
rauchen grünes gras
und erzähln uns was

unnötig sind küsse
an schwülem dunste reich
zittert die schwangere luft
trinken wir den seelenduft

2000

endlose u-bahn ketten
lichterreihen hinter regenschleiern
transporte von ort zu orte
der passagier am grauen fenster
durch dunkle tunnel schunkeln
am norderfriedhof friede hoffen
dass der tod nicht tobe

jetzt

oh darling
freundin
hörst du
wie mein herz schlägt
siehst du
wie mein atem bebt
gleichsam neu im takt des neuen jahrs

gierig fühle ich mich in die welt
denn was die augen sehn
ist viel zu fad
für all die große wunderbare lust

fang mich auf an deinem weichen busen
liebe freundin
sänftige mein herz
und lass uns beide wilde taten wieder wagen
deren erlebnis nur wir beide kundig sind

denn jung
verrucht und frei noch wollen wir sein
noch glauben wir dass es passieren kann
noch haben wir nicht kind
noch ehemann

die falle

grausam grau auf einmal stand er wieder da
im herzen und im nacken
rührte sich vorerst kein haar
noch war das meer cool und in alter ruh
noch schloss ich ohne herzklopfen die augen zu

wenn er auf meinem bette seinen körper reckt
welcher in gut gewähltem outfit steckt
da flüstert uns mein lager alten zeiten zu
da frage ich mich wozu jetzt noch das getu

schon zweimal hat die alte falle zugeschnappt
zu dritt wird jetzt ein kleiner joint gepafft
ob ich beim vierten mal es schaff zu sagen nein
weiß ich nicht soll ich traurig oder glücklich sein

nicht so

ich hab ein herz
nicht einfach so
hab ich getan
was kam

es gibt momente
ja ich weiß
da tut mans
einfach so

da kommt die lust
und dann passiert
was kommen mag
nur so

ich hab ein herz
und habe mich
nicht einfach so
gelöst

da gab es was
für mich
in dir
was mich berührt gemacht

dein fingerzeig
auf meine brust
in mich
vertraute dir

ich hab ein herz
nicht jeden
akzeptiere ich
an mir

du hast
warum auch nur
mir noch nen stein
ins herz geschubst

einsame
auf dem gipfel
schöne du
erhabene
dein eignes handwerk
schaffst du am tag
nie brauchst du hilfe
eines mannes
selbst
bist du
erhabene
so fühlst du dich
so gut
und will ein mann
den berg erklimm
fort weist du ihn
hinab ins tal
glaubst
bald käm er
der beste
nur zu dir

einsame
auf dem gipfel
dünn die luft
dünn
wie dein atem
allein
auf weiter flur
drunten
im tal
sitzt sie

die andere
nicht schön
und nicht hässlich
doch dankbar empfangend
den einsamen wandrer
kehrt er
ins tal sich
nie ist sie einsam
immer ein mann
an ihrer seite
gibt ihr die freude

einsame
wenn sie ins tal blickt
trauert sie leicht
und fragt sich
ob
ihrer einsamkeit
er wird nicht kommen
der beste der männer
er sitzt
in einem grünen
tal und freut
sich des lebens

gähnen

leere dehnt sich gähnend aus
schläfrig sinkt das auge
alle glieder hängen blass
schwelgen von den alten tagen
wo sie taten noch vollbrachten

nächtlich stehn im kampf die geister
gegen unholde und monster
während matt der körper modert
in den aufgewärmten kissen

müdigkeit bei tagesanbruch
legt sich übers temperament
ach, der tag, er mag vorbeiziehn
damals, ach, noch lebten wir

sag adieu der jugendstunde
meiner muse, meinem antrieb
dann beim untergang der sonne
such am himmel ihre flügel
ich die hand zur wiederkehr

ode an griechenland

es sieht mich an
umflutetes
ein tiefbewegtes land
sog all die schmerzen
all das labsal in sich auf
spült sich beizeiten all das leid hinaus
ins weite meer

doch welch ein gott hier wirklich einst regierte
nur zaghaft
schaudernd ahnen wirs
zu sinnlich eingekehrter stund

darf ich dir
vielgesichtges land
denn meine liebe zugestehn
nimmst du den ruf des menschenherzens
in dein unendliches bewusstsein auf
lass mich ruhig schamerrötet
dir am busen stehn
europas perle
trotz aller weisheit bleibst du jung und schön

anders

wieder in der alten heimat
wieder einmal aufgesucht
etwas zeit in meiner tasche
zu besuchen, zu genießen
eltern, haus und alte freunde
alte plätze, alte orte
alte freuden aufzufrischen
wieder einmal da zu sein

trüb erscheint der garten da
wieder einmal regnet es
ländlich tiefe stille dehnt sich
übers haus und in der stadt
hier und dort ein vögleinruf
regenwürmer überall
retten mancher kleinen wichte
als des tages höhepunkt

alte freunde sind verschwunden
eingesaugt in weiter welt
hier und dort nur noch hallo
wo einst heiße worte wallten
wo einst ich war teil des treibens
steh ich nun als fremde da
meine alte bunte heimat
siecht im schatten neuer farben

grausamkeit

mein freund an meiner seite
viele jahre lang
und was ich ihm oft sagte
aus reiner freundschaft klang

erfahren tut die liebe
niemand grausamer als er
oh freund still deine tränen
wein nicht wegen mir

wie viele jahre hab ich dich verletzt
du siehst in mir den edelstein
doch deine liebe ist wie tausend feuer
wie niemals edelsteine können sein

ich sei perfekt
die vollen worte alles andere als leer
wie kann ich das denn sein
wenn mir zu lieben fällt so schwer

was muss ich tun
um deinen schmerz zu lindern
hätt ich dich nie vertraut gemacht
du träumst von kindern

wie bitter bin ich
gib doch acht
verlasse mich
denn du gibst alle macht

traurig

am meer
steh ich
die füße trinken sand
mein ohr lauscht
blauer wellen schlag
ich träume
jetzt
von freiheit
ganz allein
hinaus aus grauen städten
schnellem treiben
anonymität
such ich den ort
wo mich natur empfängt
die erde ihre arme öffnet
mich zu lieben
ich zu lieben
wie früher
im herz
das glück der sonne
wo der mensch
den frieden find

choke

tage wo die wörter fließen
aus der menschen staubig mund
wörter voller lebenstiefe
einst von stellen roh und wund

deine augen strahlen wider
dass das herz sich öffnen kann
blauer himmel vogellieder
wie ein neuer tag begann

anfang steht im licht geschrieben
den man seltsam wagen tut
licht das deine augen spiegeln
schenkt vertrauensvolles gut

ich und du

altes vertrauen
gestärkte verwandtschaft
von zweier seelen
in alter bereitschaft
stetig und wieder
zauberhaft alt
jedes mal neu
mit zarter gewalt

irgendwann bricht es
oder verliert sich

gefühlen ergeben
die zukunft verleben
verändern den zustand
durchbrechen die andacht
zukunft die tat macht

glücklich

einsam rastete das herz am klaren bach
seine fluten spiegelten das weite himmelszelt
wie ein wanderer auf einem schmalen pfad
leben war nie schlecht mir auf der schönen welt

wenn ein vogel lieblich zwitscherte der lust
lächelte die seele feinen zug um meinen mund
wenn die sonne rötlich golden unterging
stand ich und genoss allein in mancher stund

so war es mir gereicht wie dankbar ichs empfing
doch traurigkeit lag wie ein schleier um mich her
zu klagen meines loses hätt ich mich geschämt
vielleicht schlief diese hoffnung doch es käme wer

gedanken an den menschen zeugten von gefühl
und jetzt als ob ein phönix aus der asche steigt
denkt dieser eine wirklich auch an mich
das zweisam einer sich zum andern neigt

jene nacht nahm mich der mut an seine hand
er löste meine zunge und die kraft gebar
als spiegel der empfindung schlug das andre herz
jetzt liegen sie verwoben gleichsam schlagend da

ein wort was auf der zunge liegt entfleucht
im ohr des andern ists der heimat nah
die ahnung von was großem klopft im traum
uralte sprüche scheinen plötzlich wahr

82

der himmel trägt sein festgewand der harmonie
und unhistorisch möcht ich drunter mich ergeben
im jetzt das ungewöhnliche bewusst genießen
die einsamen als zweisame im glück erleben

brodeln

manchmal kribbeln uns die bäuche
kribbeln uns wie frisch verliebten
neu wie morgentau am halme
immer wieder spüren lippen
kuss um kuss und wieder kuss
müsst kein ende je sich finden
winden über zeiten schwimmen
könnten wirs auf wellenkronen
treiben wir doch durch die see
wo an ufern fremder länder

hand in hand und schritt an schritt
tränen muss ich mir verkneifen
nicht zu weinen großen glücks
schmerz des glückes beigeschmack
scheuch ich fort, vergesse zeiten
jetzt des lebens frucht verzehren
wehr mich nicht des wonngefühls
deiner liebe mir ergeben
freund und liebster, flüstertöne
deine worte wiegen mich
lass nicht ab ob deiner lippen
nippen wieder deiner haut
glucksend wie ein bächlein sprudelt
unser lachen durch die luft
warm die herzen beieinander
wandern wir doch unternander
in den gründen unsrer seelen
forsch ich ihm, oh forsch dem menschen
innewohnend seiner brust
lust für lust gleich stück für stück
lück um lücke aufzufüllen
wühlen, spüren nach dem herzen
königlich gleich deiner zartheit
du, vergraben ich in dir
lass mich bleiben, lass mich lieben
liegen zwei die sich gefunden
wie das ying und yang verbunden
wunden die sich nie mehr öffnen
stricke, netze fort sich knüpfend
hüpfend mit uns doch die freiheit
liebster, wend die hand nie fort
dir bin ich dein heimatort

du und ich

drück dein herz ganz nah an meines
komm ganz nah heran
früher hätt ich nicht gedacht
dass dies mal geschehen kann

worte huschen deiner lippen
flink in mich verschwunden
all die sinne sind verwoben
alle grenzen überwunden

wunder rauschen wellen gleich
sanft von dir zu mir
blumen schlagen schüchtern wurzeln
zaubern mich zu dir

küss mich noch bevor du gehst
letztes mal beinander
bis ich wieder bei dir lieg
träum wir voneinander

ablöse

das rauschen jener autos bleibt
stets sind belebt die straßen
die uhr hört nicht zu ticken auf
dem sommer folgt der herbst

so unverändert scheint die welt
im wandel ihrer zeiten
und zwischen all dem treiben ich
im herz für immer einsam

so schlug es noch zur jugendzeit
so trotzig und alleine
hätt nie gedacht dies ändre sich
vier monate jetzt beinah

wie lange weiß nicht mal die uhr
obwohl sie weitertickt
geschickt hat mir der himmel ihn
genieße ich mein glück

der traum

in deinen armen liegt genuss
die brust am herzen lacht
in strömen schwillt der frische fluss
im wald in tiefer nacht

impulse durch berührungen
in heiße wilde leidenschaft
so schmeckt dir ihre haut
auf die du mit verlangen schaust

      schweig
      nimm ab die hand
      hör auf zu rudern in gewässern
      welche wild und grausam sind
      dort wo amazonen ihre pferde tränken
      darf sich kein männerfuß
      die haut benetzen
      amazonin
      nur geborgen in der frauen arm
      schmiegsam weicher körper fülle
      eines tages lacht sie frisch
      und fordert seinen samen
      am fest der reifen mütter dann
      adieu dein werk getan

ihr träumt sie hörte flüstertöne
sanfte wunderworte ihr
du fragst warum sie dir nicht stöhne
bleibt sie liegen doch bei dir

pforten verliebter

des herzens lied klingt höher
als da er mich noch nicht gekannt
das tageslicht scheint heller
als den letzten sommer lang
obwohl es dies jahr weniger von sonnentagen gab

es knüpfte sich so fest vertrauensvoll ein band
auf dem die worte und die herzen offen stehn
es gibt den tritt der stufe
den man nicht betreten soll
man müsse liebe doch
mit einem heller anstand zahlen
es mutet sich so komisches
in die verliebten herzen
wobei das komische nicht immer lustig ist
zu offne worte rühren seltsam an
nicht alles muss gesagt sein
was getan

es geht um mehr als ums vertrauen
welch schritt zurück liegt gut gepflegt
wir fühlen uns zu wohl beinand
und lassen unsere schwächen wohlig gehen

schlummern

der große traum
es war eine fiktion
an plänen gab es viel
und ein gerüst
das stand sogar
der große traum
er starb
weil wenn er existieren sollt
dann nur perfekt
ich hatte angst
er werde nicht genial

gib mir die energie
gib mir die ruh
gib mir den drang
dass ich es endlich tu

auf dass ein alter traum erwacht
auf dass die quelle meines herzens lacht
und sich genussvoll über das papier ergießt
dass in dem traum
das wahre leben fließt

oh muse schlaf mit mir heut nacht
auf dass meine ideen auferstehn

2001

los ist was ist los
was ich spürte ich was
liebe in dir in liebe
wo ist jetzt ist wo
kann ich glauben ich kann
noch deiner liebe deiner noch
spüren im herzen im spüren
wusste ich damals ich wusste
will es jetzt es will
immer noch einmal noch immer
dich ich liebe ich dich

traumverwandelt bebt der raum
grünes licht am fenstersaum
meiner frühlingsfrohen blumen

der geschmack der jungen luft
hatte zutritt in die gruft
dass sie festlich sich geschmückt

trunken von dem strahl der sonne
zart gewebte sommerwonne
lustvoll taucht zur liebeslaube

in mir

der staub auf dem gemüt
von einer brise aufgescheucht
verflogen
der duft von maiglöckchen
streicht klimpernd meine haut
hinaus mein herz
hinaus
in alte kindertage
verwoben mit der nächtlich jugendlichen zeit
pfütz um pfütze
platschen unsere füße in das modrig kalte nass
gleichso das lachen unsrer heiteren gemüter
durch die nacht
durchnässt und kalt
verlässt sich jeder
seinem eignen bette zu
schlüpf ich ins warme heim
zu ihm zurück
wie beinah jede nacht
ins liebe nest
doch fliegt im traum
ein fröhliches gesicht vorbei
und gut gelaunt erwach ich
aus erlebnissen geheimer träumerei

wenn der wind braust

gelblich
schwebend
unwirkliche atmosphäre
und die autos
rollen ihre augen
anders durch den tosenden betrieb
nur der mensch
hetzt von dem einen
zu dem andern orte
unbemerkt
für was die neckische natur
ihre kulissen richtet

wenn der wind dann braust
und den staub
von mutter erdes sonnenhaut
entspült
entbläst
entbebt sich mir im bauch
der geist
der nur zu dieser stunde
um und um
aufschreckt
und sein aufgewühltes
anstiftendes
spielchen mit mir treibt

2002

erwachen

im zustand der entrückung
dem planeten mannheim
fern von jeglicher normalen zivilisation

im dortigen exil
der kurstätte der herzen
ward ich von schaler alltagskruste rein

an diesem traumort
waren du und ich
das schönste liebespaar

erwacht aus dieser perfektion
zurückgeworfen in die welke welt
müssen sich unsre leiber leider
auseinanderklauben

denn wer aus einem traum erwacht
wird selbigen verlieren

spurensuche

im sande meiner alten wege
geh ich in die vergangenheit zurück
wie schmächlich
dass nicht gegenwärtig ich am strande sitz
oder in einer niedrigen spelunke
dass ich ein kleiner maulwurf
in meinem eignen leben seien muss
der gräbt
und buddelt
nach verlornen schätzen
sag wo
wo sind sie
deine seelen anverwandte
sag
wo sind sie hin
dass du alleine hier
und dir im herzen saft
für diese zeilen fließt

überschwemmt
von all vergangenen momenten
und gewühlt
in all der erstberührten zeit

gestarrt
mit aufgerissnen augen
in all das dunkel
meiner kinderstube

gefunden
doch noch unverdaute happen
wobei gedacht
der riegel wäre wohlverdient gesetzt

gehofft
es möge alles ruhen
in meiner lieb
zu meinem einzgen schatz

ach möge er es niemals finden
aus meinem herzen tut es doch
zur rechten zeit verschwinden

erinnerung

friede schaffen
bevor der welt adieu gesagt
mit jenen
die mir immer noch
im herzen wohnen
und nicht aufhörn
mit ihren einmaligkeiten
mich zu rütteln
und zu streicheln
und sagen ihnen
oder dir
dass ich dich so vermisse

obwohl ich morgen noch nicht sterben mag
sollte
sollt soviel gesagt noch sein

denn meine stummheit und verwirrung
machen nicht vergessen
dass es dich
in meinem leben einmal gab
und doch
noch immer
geben könnt

so viel
muss unbedingt noch sein
denn nicht allein zu sein
kanns nicht gewesen sein

so weit
muss ich noch in die welt hinaus
aus diesem leben raus
aus diesem haus

so groß
doch mein verlangen ist
dorthin wo du noch bist
und meine seele frisst

doch diese straßen
diese routen
könne nicht die wege
meine ziele sein

adieu
wenn ichs nicht bald zu sagen wage
verlass ich wohl mich selbst zu allererst

Inhalt

1995

1996

1997

deus ex vagina
eine genitale messe

von Alice Quadflieg

Zwei Frauen, eine Junge und eine Alte, reflektieren
bei diesem Gottesdienst der etwas anderen Art ihr
Körperbewusstsein und ihre Weiblichkeit,
sprechen über damit verbundene Wünsche und
Ängste. Dabei wird mehr und mehr deutlich,
welchen Widerständen Feminität und das
weibliche Geschlechtsorgan in unserer
Gesellschaft ausgesetzt sind.
Die anwesende Gemeinde und mit ihr der Leser
und die Leserinnen sind Unterstützende dieser
Frauen auf dem Weg, ihr Geschlecht und ihre
Sexualität zu emanzipieren.